BEI GRIN MACHT SICH IHR WISSEN BEZAHLT

- Wir veröffentlichen Ihre Hausarbeit, Bachelor- und Masterarbeit

- Ihr eigenes eBook und Buch - weltweit in allen wichtigen Shops

- Verdienen Sie an jedem Verkauf

Jetzt bei www.GRIN.com hochladen und kostenlos publizieren

Andreas Jordan

Ist die dauerhafte Fixierung eines behinderten Kindes in einer offenen heilpädagogischen Einrichtung genehmigungspflichtig?

Anmerkung zu BGH, Beschl. v. 07.08.2013 – XII ZB 559/11

GRIN Verlag

Bibliografische Information der Deutschen Nationalbibliothek:

Die Deutsche Bibliothek verzeichnet diese Publikation in der Deutschen National-
bibliografie; detaillierte bibliografische Daten sind im Internet über http://dnb.d-
nb.de/ abrufbar.

Impressum:

Copyright © 2014 GRIN Verlag GmbH
Druck und Bindung: Books on Demand GmbH, Norderstedt Germany
ISBN: 978-3-656-61254-4

Dieses Buch bei GRIN:

http://www.grin.com/de/e-book/269926/ist-die-dauerhafte-fixierung-eines-behin-
derten-kindes-in-einer-offenen

GRIN - Your knowledge has value

Der GRIN Verlag publiziert seit 1998 wissenschaftliche Arbeiten von Studenten, Hochschullehrern und anderen Akademikern als eBook und gedrucktes Buch. Die Verlagswebsite www.grin.com ist die ideale Plattform zur Veröffentlichung von Hausarbeiten, Abschlussarbeiten, wissenschaftlichen Aufsätzen, Dissertationen und Fachbüchern.

Besuchen Sie uns im Internet:

http://www.grin.com/

http://www.facebook.com/grincom

http://www.twitter.com/grin_com

Andreas Jordan

Aufsatz

Ist die dauerhafte Fixierung eines behinderten Kindes in einer offenen heilpädagogischen Einrichtung genehmigungspflichtig?

Anmerkung zu BGH, Beschl. v. 07.08.2013 – XII ZB 559/11

Inhaltsverzeichnis

Einleitung

Am 7.8.2013 hat der 12. Senat des Bundesgerichtshofs (BGH) entschieden, dass die nächtliche Fixierung eines behinderten Kindes keine genehmigungsbedürftige Maßnahme ist und ausschließlich von den Eltern bestimmt werden darf. Der BGH hat mit seinem Beschluss die Rechte von behinderten Kindern und Jugendlichen verkürzt und verpasst es, die Konventionen der UN zum Schutz von Kindern und behinderten Menschen zur Auslegung nationalen Rechts heranzuziehen.

I. Thesen des Autors

1. **Für das Fixieren eines Kindes benötigt man eine gesetzliche Grundlage, da sie die Freiheit eines Kindes (Art. 2 Abs. 2 Grundgesetz – GG) einschränkt.**

2. **Der Beschluss des BGH hat eine große Relevanz für die Praxis, da die Handlungsfreiheit der helfenden Professionen in Einrichtungen eingeschränkt wird, die mit „schwierigen" Kindern arbeiten.**

3. **Das dauerhafte Fixieren eines Kindes ist eine entwürdigende Erziehungsmaßnahme (§ 1631 Abs. 2 Bürgerliches Gesetzbuch – BGB).**

4. **Die elterliche Sorge umfasst nicht die Entscheidungsgewalt über das dauerhafte Fixieren eines behinderten Kindes, da die Freiheit eines Menschen unverletzlich ist (Art. 2 Abs. 2 S. 2 GG).**

5. **Der Beschluss beinhaltet die Gefahr, dass sich helfende Institutionen in Zukunft weigern, schwierige Kinder zu be-**

treuen, wenn eine Fixierung erforderlich ist und die Genehmigung der Eltern ausbleibt.

II. Wesentliche Aussagen des Urteils

1. Die nächtliche Fixierung eines Kindes ist nicht genehmigungsbedürftig.

2. Ein Genehmigungsvorbehalt fällt nicht unter § 1631b BGB.

3. § 1906 Abs. 4 BGB kann im Kindschaftsrecht nicht analog angewendet werden.

4. Die Ausübung der elterlichen Sorge umfasst auch die Entscheidung über eine Fixierungsmaßnahme.

III. Sachverhalt

Auf Antrag der Eltern genehmigte das Amtsgericht Varel eine zweijährige Fixierungsmaßnahme eines behinderten Kindes aufgrund der analogen (entsprechenden) Anwendung von § 1906 Abs. 4 BGB. Das am 1.4.1999 geborene Kind hat frühkindlichen Autismus und eine geistige Behinderung. Es befindet sich seit 2008 in einer offenen heilpädagogischen Einrichtung. Der Grund für die Fixierungsmaßnahme waren ausgeprägte Unruhezustände und stark ausgeprägte Weglauftendenzen. Zum Schutz der Bewohner wurde das behinderte Kind nachts mit Hilfe eines Bauch- oder Fußgurtes am Bett fixiert. Das Amtsgericht lehnte einen weiteren Verlängerungsantrag der Eltern für diese Maßnahme mit der Begründung ab, dass die von dem Heim durchgeführte Maßnahme nicht genehmigungspflichtig sei. Die von dem Verfahrensbeistand eingereichte Rechtsbeschwerde vor dem Oberlandesgericht (OLG) Oldenburg blieb erfolglos.

IV. Die Entscheidung

Der Bundesgerichtshof (BGH) hat die Entscheidung des OLG bestätigt. Geprüft wurde, ob die nächtliche Fixierung eines Kindes einem förmlichen Genehmigungsverfahren unterliegt.

Im **ersten Schritt** wurde § 1631b BGB geprüft, wonach eine freiheitsentziehende Unterbringung eines Kindes durch das Familiengericht genehmigt werden muss. In der Literatur wird die Ansicht vertreten, dass die regelmäßige Fixierung eines Kindes an Stuhl und Bett unter diesen Genehmigungsvorbehalt falle.[1] Diesem Ansatz wollte der 12. Senat jedoch nicht folgen. Zunächst arbeitete der BGH heraus, dass § 1631b BGB auf dem staatlichen Wächteramt basiere, da die „geschlossene" Unterbringung eines Kindes der richterlichen Genehmigung durch das Familiengericht bedarf. Der Normzweck sei, zu verhindern, dass schwierige Kinder unbemerkt in einer geschlossenen Einrichtung verschwinden. Da der BGH in seinem Beschluss von einem „engen Unterbringungsbegriff"[2] ausging, kam er zu dem Ergebnis, dass die Fixierung eines Kindes nicht unter den Genehmigungsvorbehalt des § 1631b BGB fällt.

Im **zweiten Schritt** wurde die Frage geklärt, ob § 1906 Abs. 4 BGB analog anwendbar ist und als Grundlage für einen richter-

---

[1] *Erman*, Kommentar zum BGB § 1631b Rn. 3.
[2] BT-Drucks. 11/4528 S. 146.

lichen Genehmigungsvorbehalt im Kindschaftsrecht herangezogen werden kann. Damit § 1906 Abs. 4 BGB auch im vorliegenden Fall anwendbar ist, so der BGH, müsse eine planwidrige Gesetzeslücke existieren. Eine solche schlossen die Richter jedoch aus. Den Gesetzesmaterialien sei zu entnehmen, dass § 1906 Abs. 4 BGB nur für volljährige Betreute gelte. Angesichts dieser klaren Aussage kam das Gericht zu dem Ergebnis, dass keine planwidrige Gesetzeslücke bestehe. Außerdem sei die Forderung an den Gesetzgeber nach einem Genehmigungsvorbehalt für unterbringungsähnliche Maßnahmen schon lange bekannt, ohne dass dieser darauf reagiert habe.[3] Hinzu kommen große systematische Unterschiede zwischen dem Kindschafts- und dem Betreuungsrecht. Mithin könne § 1906 Abs. 4 BGB nicht als rechtliche Grundlage für ein richterliches Genehmigungsverfahren bei unterbringungsähnlichen Maßnahmen von Kindern herangezogen werden.

Im **dritten Schritt** wurde geprüft, ob die Genehmigungspflicht für eine unterbringungsähnliche Maßnahme (dauerhafte Fixierung eines Kindes) bei den Eltern liegt, da sie nicht nur die rechtliche, sondern auch die persönliche Verantwortung für ihre Kinder tragen. In dem Beschluss geht das Gericht davon aus, dass das Verhältnis zwischen Eltern und ihren Kindern in der Regel durch eine enge persönliche Beziehung geprägt ist. In dem Beschuss stützte sich der BGH auf zwei Entscheidungen des Bundesverfassungsgerichts (BVerfG). Demnach können Eltern grundsätzlich frei von staatlichen Eingriffen entscheiden, in welcher Form sie das Recht auf Pflege und Erziehung ausü-

---

[3] *Czerner*, AcP 2002, S. 72.

ben.[4] Dabei müsse auch in Kauf genommen werden, dass durch die Entscheidung der Eltern auch Nachteile für das Kind entstehen.[5] In das Elterngrundrecht (Art. 6 GG) dürfe nur eingegriffen werden, wenn eine hinreichende gesetzliche Grundlage existiert. Mithin sei die gesetzliche Grundlage für die regelmäßige Fixierung eines Kindes in § 1626 BGB verankert. Daraus folge, dass das Fixieren eines Kindes nur zulässig ist, wenn die Maßnahme von den Eltern genehmigt wird. Dennoch dürfen die Grenzen zu einer entwürdigenden Erziehungsmaßnahme (§ 1631 Abs. 2 BGB) und einer Gefährdung des Kindeswohls (§ 1666 BGB) nicht überschritten werden.

Schließlich kam der BGH zu dem Ergebnis, dass der Gesetzgeber darüber zu entscheiden habe, „ob die Anordnung eines familiengerichtlichen Genehmigungsvorbehalts das geeignete, erforderliche und verhältnismäßige Mittel ist, Kinder vor ungerechtfertigten unterbringungsähnlichen Maßnahmen zu schützen".

V. Würdigung/Kritik

Der Beschluss des BGH hat eine große Relevanz für die praktische Arbeit in offenen heilpädagogischen Einrichtungen und kinder- und jugendpsychiatrischen Kliniken.

In Akutsituationen ist es manchmal notwendig, Kinder und Jugendliche zu ihrem eigenen Schutz zu fixieren. Hauptgrund ist die Selbst- oder Fremdgefährdung. Von einer Selbstgefährdung ist die Rede, wenn sich Kinder in Gefahrensituationen begeben,

---

[4] BVerfG, FamRZ 1982, 567 (569).
[5] BVerfG, FamRZ 2010, S. 713 Rn. 33.

indem sie sich beispielweise selbst verletzen. Eine Fremdgefährdung liegt vor, wenn Kinder oder Jugendliche gegenüber dritten Personen gewalttätig sind. Dass diesen Kindern schnell und effektiv geholfen werden muss, steht außer Frage. Manchmal bleibt kein anderer Ausweg als die Kinder für einen kurzen Zeitraum zu fixieren. In der Praxis wurde nach einer kurzfristig notwendigen Fixierung bisher immer das zuständige Familiengericht informiert. Diese Tatsache hat dazu geführt, dass die Fixierung eines Kindes nur als letzter Ausweg (Ultima Ratio) in Betracht gezogen wurde. Um die Fixierung auf ein rechtsstaatliches Fundament zu stellen, kam innerhalb von 24 Stunden ein Richter, der die Patientin bzw. den Patienten anhörte. Mit diesem Schritt wurde auch zugleich Art. 7 Abs. 3 UN-Behindertenrechtskonvention (UN-BRK) umgesetzt. Nach dieser Vorschrift haben alle behinderten Kinder ein Recht darauf, ihre Meinung in allen sie berührenden Angelegenheiten frei zu äußern. Damit sich ein Kind äußern kann, muss es von einer neutralen Stelle auch angehört werden.

Der Beschluss des BGH lässt befürchten, dass in Zukunft keine Anhörungsverfahren mehr stattfinden, da von nun an nicht mehr die Familiengerichte über die Fixierung eines Kindes entscheiden, sondern die Eltern. Auch wenn die Argumentation des BGH, die Fixierung eines Kindes falle nicht unter den Genehmigungsvorbehalt des § 1631b BGB, nachvollziehbar ist, hat der Beschluss doch einige rechtliche Schwachpunkte.

1. Materieller Verstoß gegen Art. 2 Abs. 2 GG

Zu kritisieren ist, dass der BGH nicht erkannt hat, dass im Gesetz eine planwidrige Regelungslücke besteht, die eine analoge Anwendung des § 1906 Abs. 4 BGB erfordert. Die Gesetzeslücke entsteht durch die Vorgaben der UN-BRK in Verbindung mit dem Grundgesetz. Dass die UN-BRK in dem vorliegenden Fall als einfaches Bundesrecht anzuwenden ist, geht aus dem Sachverhalt hervor, da es sich bei dem Betroffenen um ein behindertes Kind handelte. Nach Art. 14 Abs. 1 lit. a UN-BRK gewährleisten die Vertragsstaaten, dass Menschen mit Behinderungen gleichberechtigt mit anderen ihre **Freiheit nicht rechtswidrig** oder willkürlich entzogen wird und somit jede Freiheitsentziehung im **Einklang mit dem Gesetz** erfolgen muss. Das Vorliegen einer Behinderung rechtfertigt in keinem Fall eine freiheitsentziehende Maßnahme. Dass die Freiheit nicht rechtswidrig entzogen werden darf, ist auch dem Grundgesetz zu entnehmen. In Art. 2 Abs. 2 GG ist das verfassungsrechtliche Gebot verankert, dass die Freiheit einer Person unverletzlich ist. In dieses Grundrecht darf nur eingegriffen werden, wenn eine gesetzliche Grundlage existiert. Dieser wichtige Punkt blieb in dem Beschluss des BGH unberücksichtigt. Das Gericht hätte die Frage klären müssen, ob eine **unterbringungsähnliche Maßnahme** - wie das regelmäßige Fixieren - die persönliche Freiheit eines Kindes einschränkt. Das Bundesverfassungsgericht hat entschieden, dass Art. 2 Abs. 2 S. 2 GG ausschließlich die **körperliche Bewegungsfreiheit** schützt.[6] Diese wird eingeschränkt, wenn der Betroffene nicht mehr die

---

[6] BVerfGE 94, 166/198.

Möglichkeit hat, einen von ihm gewünschten Ort oder Raum aufzusuchen.[7] Durch das Fixieren mittels Bauch- oder Fußgurt am Bett wird das behinderte Kind regelmäßig daran gehindert, seinen Aufenthaltsort zu verlassen. Damit schränkt das Fixieren die persönliche Freiheit eines Kindes ein und der Schutzbereich des Art. 2 Abs. 2 S. 2 GG ist eröffnet. Allerdings darf die persönliche Freiheit eines Kindes eingeschränkt werden, wenn eine gesetzliche Grundlage besteht. Doch welche Anforderungen muss so ein förmliches Gesetz erfüllen? Nach Art. 19 Abs. 1 S. 2 GG muss darin ein ausdrücklicher Hinweis darauf enthalten sein, welches Grundrecht eingeschränkt wird (Zitiergebot). Damit wird der Gesetzgeber in die Pflicht genommen den Grundrechtseingriff zu begründen.[8] In jedem Fall unzureichend ist ein Hinweis nur in der Gesetzesbegründung.[9] Ist in dem grundrechtseinschränkenden Gesetz kein Hinweis enthalten, verletzt es Art. 2 Abs. 2 S. 2 GG und ist damit nichtig. Obwohl Art. 14 Abs. 1 lit. a UN-BRK und Art. 2 Abs. 2 S. 2 GG eine gesetzliche Rechtsgrundlage für freiheitsentziehende Maßnahmen von behinderten Erwachsenen und Kindern verlangen, besteht im objektiven Recht[10] nur eine Regelung für volljährige Betreute (§ 1906 Abs. 4 BGB). Da behinderte Kinder bei der Gesetzgebung offensichtlich vergessen wurden, liegt eine planwidrige Gesetzeslücke vor.

---

[7] BVerfGE 94, 166/198.
[8] *Antoni*, in: Hörmig HandKomm-GG, Art. 19 Rn. 4.
[9] *Jarass*, in: Jarass/Pieroth Komm-GG, Art. 19 Rn. 7 unter Berufung auf BVerfGE 113, 348/367.
[10] Unter objektivem Recht versteht man die Gesamtheit aller gesetzlichen Regelungen.

2. Die analoge Anwendung von § 1906 Abs. 4 BGB ergibt sich aus der UN-BRK

Aus rechtsstaatlicher Sicht muss bis zu einer umfassenden Regelung § 1906 Abs. 4 BGB auch auf behinderte Kinder ausstrahlen. Das in dem Urteil zitierte Argument von *Czerner*[11] aus dem Jahr 2002, die analoge Anwendung entspreche nicht dem mutmaßlichem Willen des Gesetzgebers, da die Forderung nach einer gesetzlichen Regelung seit langem bekannt sei, ist aufgrund seiner veralteten Aktualität nicht auf die Vorgaben der UN-BRK übertragbar. Schließlich wurde diese erst 2009 von der Bundesrepublik Deutschland ohne Erklärung und Vorbehalte ratifiziert. Überdies ist das vom BGH angeführte Argument haltlos, die Situation des Minderjährigen im Kindschaftsrecht sei nicht vergleichbar mit der von Erwachsenen im Betreuungsrecht, da § 1906 Abs. 4 BGB dem staatlichen Wächteramt entspringe und die Rechtsmacht eines Betreuers einschränken soll. Die Argumentation verkennt, dass die UN-BRK verabschiedet wurde, um behinderte Menschen als sogenannte verletzliche Gruppe zu schützen und seine Belange ernst zu nehmen.[12] Das heißt: Ebenso wie schutzbedürftige Erwachsene benötigen schutzbedürftige behinderte Kinder klare und normativ umfassende Vorgaben, die diskriminierende und willkürliche Maßnahmen verhindern. Diese Vorgaben befinden sich ohne Zweifel in der rechtlichen Architektur des § 1906 Abs. 4 BGB. Damit ist die Norm für behinderte Kinder analog anwendbar.

---

[11] *Czerner*, AcP 2002, S. 72 (84ff.)
[12] *Weiß*, MRM 2006, 293 (300).

3. § 1626 BGB ersetzt nicht den Genehmigungsvorbehalt

Ein weiterer Schwachpunkt des Beschlusses ist die Auslegung des § 1626 BGB. Für den BGH ist die rechtliche Grundlage für eine unterbringungsähnliche Maßnahme in § 1626 BGB verortet. In § 1626 Abs. 1 BGB heißt es: „Die Eltern haben die Pflicht und das Recht, für das minderjährige Kind zu sorgen (elterliche Sorge). Die elterliche Sorge umfasst die Sorge für die Person des Kindes (Personensorge) und das Vermögen des Kindes". Wenn man den Wortlaut der Vorschrift betrachtet, findet man keinen Hinweis darauf, dass Eltern in Ausübung ihrer elterlichen Sorge eine unterbringungsähnliche Maßnahme selbst genehmigen dürfen. Die Richter gehen lediglich davon aus, dass die Beziehung zwischen Eltern und ihrem Kind von einer engen persönlichen Nähe geprägt ist. Die von dem Gericht „konstruierte" Beziehung ist für die Richter ein Indiz, dass Eltern ihr Sorgerecht in der Regel im Interesse des Kindes ausüben. Für den vorliegenden Fall stellt sich allerdings die Frage, wie eine enge Beziehung zwischen Eltern und Kind bestehen kann, wenn das behinderte Kind schon seit mehreren Jahren in einer offenen heilpädagogischen Einrichtung lebt und eine Einzelbetreuung erhält. Schon *Goethes Mephisto* sagt: „Legt man nichts aus, so legt man was rein".[13] Der BGH hat bei der Auslegung des § 1626 BGB den Wortlaut der Vorschrift deutlich überschritten. Unzureichend wurde auch die Frage erörtert, warum das Kind nur nachts und nicht tagsüber fixiert werden muss. Was ist tagsüber anders?

---

[13] Die Idee, die grammatikalische Auslegung mit Goethes Zitat in Zusammenhang zu bringen, stammt von *Otto Lagodny*, Gesetzestexte suchen, verstehen und in der Klausur anwenden, S. 32.

4. § 1631 Abs. 2 BGB untersagt entwürdigende Maßnahmen

Für die Zukunft bleibt zu hoffen, dass der Gesetzgeber so schnell wie möglich auf das Urteil reagiert. Die UN-Kinderrechtskonvention (UN-KRK) verpflichtet alle Vertragsstaaten in Art. 3 Abs. 1 UN-KRK, bei allen sie betreffenden Maßnahmen das Wohl des Kindes als vorrangigen Punkt zu berücksichtigen. Dieser Punkt ist wichtig, da eine Fixierung immer mit einer Traumatisierung oder Re-Traumatisierung einhergehen kann, wenn das Kind gegen seinen Willen unter Anwendung von Gewalt ans Bett gefesselt wird.[14] Hinzu kommt, dass nach dem Kindschaftsrecht in § 1631 Abs. 2 BGB eine entwürdigende Maßnahme unzulässig ist. Eine Maßnahme ist entwürdigend, wenn sie das Ehr- und Selbstwertgefühl des Kindes verletzt.[15] „Die Entwürdigung kann in der Art der Maßnahme, im Ausmaß oder der Dauer oder den Begleitumständen begründet sein".[16] Ein Kind, das fixiert ist, befindet sich immer in einem bedingungslosen Abhängigkeitsverhältnis zu den Mitarbeitern der Einrichtung, da es sich nicht wehren kann. Die Hilflosigkeit verletzt damit das kindliche Selbstbewusstsein und Ehrgefühl.

5. Praktische Bedeutung des Beschlusses

Der Beschluss des BGH hat eine große Relevanz für die praktische Arbeit, da er den bisherigen Handlungsspielraum der Mitarbeiter an verschiedenen Stellen einschränkt. Wie sollen die

---

[14] *Jordan*, Die rechtlichen und praktischen Probleme bei der Antragstellung auf „geschlossene" Unterbringung im Rahmen des § 1631b BGB am Beispiel der Kinder- und Jugendpsychiatrie, S. 17.
[15] *Veit*, in: BeckOK § 1631 BGB Rn. 19.
[16] *Huber*, in: MünchKomm zum BGB § 1631 Rn. 28.

Mitarbeiter in den verschiedenen Institutionen reagieren, wenn sich ein Kind selbst- oder fremdgefährdet? Früher konnte das Kind fixiert und eine nachträgliche Genehmigung beim zuständigen Familiengericht beantragt werden. Nach dem Beschluss des BGH darf ein Kind aber erst fixiert werden, wenn sich die Eltern damit einverstanden erklären. Bleibt die Einverständniserklärung aus, darf das Kind nicht mehr fixiert werden. Was sollen die betroffenen Mitarbeiter unternehmen, wenn die Eltern die Genehmigung verweigern oder nicht erreichbar sind? Sollten die Mitarbeiter das Kind trotzdem fixieren und die nachträgliche Genehmigung der Eltern bleibt aus, machen sich die Mitarbeiter strafbar. Denn nach § 239 Abs. 1 Strafgesetzbuch macht sich strafbar, wer einen Menschen einsperrt oder auf andere Weise die Freiheit beraubt. Auch der Versuch ist unter Strafe gestellt. Die Strafbarkeit der Handlung könnte in Zukunft dazu führen, dass sich heilpädagogische Einrichtungen und psychiatrische Kliniken weigern, besonders „schwierige" Kinder und Jugendliche aufzunehmen bzw. zu behandeln. Was soll man in diesem Fall mit den Kindern machen?